AF402166

DÉDIÉ AUX PRODUCTEURS FRANÇAIS.

RÉFORMES DÉMOCRATIQUES

Par le Citoyen F. Pellissery (des Arcs).

Livraison.

Matières contenues dans ce volume.

PRIX DE LA LIVRAISON : 75 CENTIMES,

La livraison se compose de trois feuilles in-8° (48 pages).

ON SOUSCRIT CHEZ L'AUTEUR,

14, RUE JEAN-JACQUES-ROUSSEAU, A PARIS.

Imprimerie de Mme de Lacombe, rue d'Enghien, 14.

Dédié aux Producteurs Français.

RÉFORMES DÉMOCRATIQUES

PAR

le citoyen François Pellissery (des Arcs).

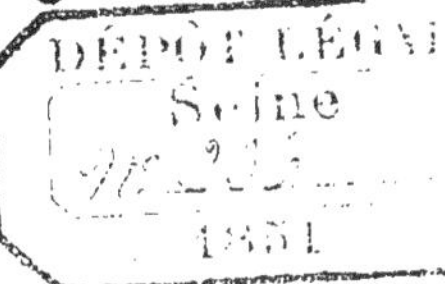

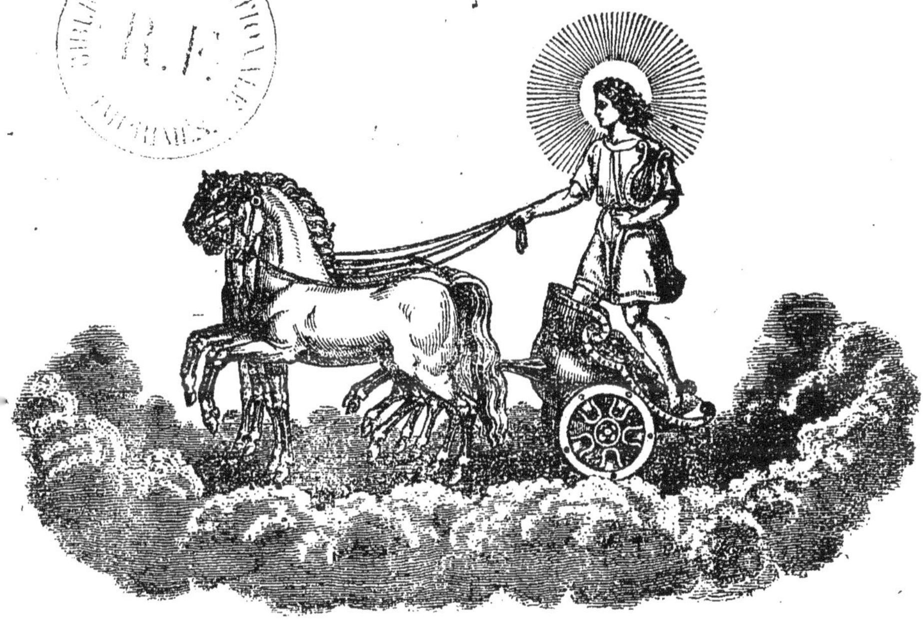

PARIS,

CHEZ L'AUTEUR,

14, RUE JEAN-JACQUES-ROUSSEAU.

—

1851.

IMPRIMERIE DE MADAME DE LACOMBE,
14, rue d'Enghien.

RÉFORMES DÉMOCRATIQUES.

I.

Le peuple change de Gouvernant, mais il ne change pas de position.

Citoyens, le peuple change de Gouvernant, mais il ne change pas de position; la vie de ce monde est pour lui une servitude éternelle. Lorsque les ambitieux veulent arriver au pouvoir, ils ont recours au peuple et le soulèvent peu à peu comme le vent fait mouvoir le grand Océan, qui précipite avec furie les vagues les unes contre les autres, et la mer ne représente plus que des montagnes effrayantes; les mugissements sourds et lugubres, font tressaillir d'effroi les voyageurs, qui, de leurs sommets, se voient précipiter dans le profond abîme. Ainsi est le peuple; on 'agite, on lui fait apercevoir toutes les souffrances qu'il endure depuis si longtemps, on profite de sa misère, on répand quelque argent, on l'excite à se battre, on lui promet de briser ses chaînes, les esprits s'agitent, les opinions se divisent, les groupes se rassemblent dans les rues, sur le boulevart, etc.; la fureur s'empare de tous les sens; le peuple crie aux armes; la lutte est engagée, et rien ne peut résister à sa force, à son courage, invincible quand il veut; où est donc la récompense de son noble dévouement, qui a fait arriver les ambitieux au pouvoir.

J'en appelle aux hommes de toutes les nuances : oui, quelle est sa récompense? Sa récompense, c'est la prison, c'est la misère et le mépris. Ce n'est donc qu'au prix du sang du peuple, de la prison, de la misère et du mépris que vous êtes parvenus au but de votre ambition.

Jetez donc un regard derrière vous, et faites-vous un tableau de toutes les horreurs et des maux irréparables que vos folles ambitions ont causés, et qui dérivent des révolutions que vous avez préparées; vous n'apercevrez que rage, que férocité, meurtre et barbarie, que des ruisseaux de sang qui coulent dans les rues; les révolutions ne sont bonnes que pour détruire les classes productrices; ces hommes dont vous ne pouvez vous passer de leurs produits, et que l'on égorge sans pitié. Grand Dieu! quand les hommes seront-ils moins avides du sang de leurs frères! quand finiront les guerres intestines qui, depuis 1830, arrosent les pavés du sang humain; les pavés ne sont pas des plantes, et ils n'ont pas besoin de ce breuvage pour leur fécondité. Ces meurtres n'engendrent que des haines acharnées et vengeresses; ne voyez-vous pas mendier les pauvres orphelins, n'apercevez-vous pas ce fantôme tout meurtri de coups, et dont les plaies sont encore dégoûtantes de sang, qui dit à ses enfants : « Ne reçois pas, ne reçois pas, mon fils, cette aumône; la main qui te la donne est encore teinte du sang de ton père; c'est cette main homicide qui l'a assassiné; reconnais son meurtrier, celui qui t'a privé de son appui et de ses caresses. » Au nom de l'humanité, citoyens, que la révolution de 1848 soit la dernière; que la fortune, que la soif des honneurs ne vous porte plus à nous représenter de pareils tableaux !

Oui, je le répète, jetez un regard sur ces ouvriers, voyez toutes les peines qu'ils se donnent pour produire tout ce qui peut charmer le cœur le plus insensible; visitez leurs logements, assurez-vous de la nourriture qu'ils prennent pour exécuter les chefs-d'œuvre que vous vous glori-

fiez de posséder, et voyez le profit qui leur en
reste ; c'est le seul moyen de vous convaincre de
la justice de leurs plaintes. Alors, vous comprendrez que des hommes aussi utiles pour le bien-
être du genre humain ne peuvent pas habiter
dans de pareilles mansardes, ni se nourrir de
substances malsaines et destructives.

Ainsi donc, outre les lois arbitraires, iniques,
par les impôts excessifs qui absorbent le vin, la
viande, le bois, nous avons les exploiteurs de
nos états manuels ; nous avons encore les exploiteurs des denrées dont ils nous privent de manger lorsqu'elles sont dans toute leur saveur, à
cause de l'élévation du prix auquel elles sont
cotées. L'ouvrier ne peut en manger que lorsqu'elles ne sont plus présentables, et qu'elles ne
peuvent plus être admises sur la table fastueuse
de ces heureux du monde, de ces gourmets qui
nous regardent comme leurs esclaves, et ne nous
laissent que leur rebut. L'évidence est là pour le
prouver : le terrible fléau qui ravagea notre ville
en 1849, a privé tous les gourmets de faire usage
de la nourriture des pois et des fraises ; aussi
elles ont été à bon marché à cause de la défense
faite par les médecins.

Ainsi, citoyens, faites-vous un tableau des privations que tous les exploiteurs imposent à la classe productrice par leurs infâmes trafics. Les uns se sont approprié nos états, les autres nous privent de manger ce que la nature a produit pour toüs. Cette nourriture naturelle que la terre a fait éclore de son sein, elle est devenue plus féconde, plus suave et plus nourrissante, par les peines et les soins que ces nobles et dignes cultivateurs se sont donnés, en bravant le froid, ie chaud, le vent, la pluie, pour les cultiver ; d'un autre côté, je le répète, les impôts sur les aliments de première nécessité nous absorbent ; enfin, c'est à qui nous écorchera le plus et nous mettra par ces exploitations révoltantes aux tortures les plus affreuses. Oh ! qu'il avait bien raison, ce jeune prophète, de faire parler la mère et l'enfant passant devant ces attrayants étalages, de ces fruitiers et marchands de comestibles Bontou et Chevet, en entendant ces paroles argentines :— « Maman, donne-moi de ces beaux fruits. — Cher enfant, disait la pauvre mère, le cœur tout ému, quand tes pauvres bras deviendront forts, ils cultiveront ces fruits, mais tu n'en mangeras pas. »

Comme le prophète s'affligeait et était ému de ce présage à venir, une voix intérieure et plus forte lui fit entendre ces mots : Non, tu n'en mangeras pas tant que le bandeau qui est sur tes yeux ne disparaîtra pas ; réveille-toi et écoute la voix du Tout-Puissant qui te dit :

— C'est moi qui crée et qui donne les moyens d'existence à tous mes enfants qui existent sur la terre que tu habites ; me croirais-tu donc injuste et indigne du nom de Père ? Quels sont les crimes que tu as commis ? celui d'être producteur ? voilà donc ton crime ? ce crime, qui te prive de mes bienfaits, c'est ce qui te fait rougir et te fait soumettre à tes exploiteurs et baisser la tête devant eux ? oublies-tu donc que je suis moi-même le chef-ouvrier de la grande société universelle des travailleurs. Au lieu de rougir, glorifie-toi donc d'en faire partie avec honneur et probité, et rappelle-toi l'Évangile qui dit : Tout arbre qui ne portera pas de bon fruits sera coupé et jeté au feu.

Ainsi donc, celui qui t'a donné la vie t'a donné les moyens d'existence, et il ne t'a pas mis sur la terre pour que tu sois tyrannisé par tes frères. Nul n'a le droit de te priver de tes produits ; il t'ordonne de te rendre maître de ta propriété, qui est inviolable ; tu reconquerras alors ta dignité d'homme, qui n'appartient qu'à ceux qui, comme moi, ont produit et qui produisent pour le bien-être de la société ; il faut par conséquent que toi, peuple producteur, tu t'élèves à la hauteur de son talent, et que tu fasses voir que la noblesse de ton esprit et la valeur de tes produits valent mieux qu'une fortune acquise au détriment de tes semblables ; oui, tu ne reconquerras ta dignité que lorsque tu seras admis, dans les fêtes nationales, au premier rang ; deux oriflammes porteront ces inscriptions :

Honneur aux Producteurs, à l'Armée et à la Justice.

Ces devises sont les seules qui puissent rendre un gouvernement inébranlable ; car tout gouvernement qui les méconnaîtra marchera à sa perte. Par conséquent, nul ne peut nous contester que sans les producteurs, rien n'existerait sur la terre. Vous ne pouvez faire un pas, jeter un regard sur le moindre objet sans reconnaître la main du producteur. Vous ne pouvez pas faire un pas, dis-je, dans vos palais, ni jeter un regard sur les chefs-d'œuvre qui vous entourent, vous éblouissent et vous enivrent de joie, sans apercevoir la main de l'ouvrier ; sur votre personne même, dans vos campagnes, dans vos fabriques, dans votre nourriture, tout vous rappelle l'auteur de tous ces produits indispensables. Lorsque la terre nous prive de ses faveurs, tout le

monde tremble dans la crainte d'une disette.
Eh! bien, si cette disette vous était amenée par le
repos des cultivateurs, où en seriez-vous réduit
alors? à pousser des lamentations déplorables et
des supplications de tout genre pour obtenir
quelque nourriture pour secourir vos enfants;
alors, dis-je, les nourritures que vous nous lais-
sez avec mépris seraient recherchées par vous à
quelque prix que ce soit, pour faire taire les cris
déchirants de vos enfants; il ne serait plus temps.
Il faudrait avoir recours aux racines sauvages;
mais vos belles mains et vos forces ne sauraient
suffire à ces pénibles fatigues, et malgré vos senti-
mens de mère, vous seriez obligées d'avoir recours
à ces hommes accoutumés à ces pénibles travaux.

Oui, je le dis avec fierté, les producteurs ne
laisseront jamais manquer leurs semblables des
produits de leurs bras, et si la Providence venait
à nous frapper d'un pareil fléau, c'est alors que
vous verriez et vous reconnaîtriez la noblesse qui
règne dans le cœur du producteur. Il est encore
temps de nous entendre : rendez au producteur
sa propriété; considérez-le comme il mérite;
alors nous serons tous heureux.

N'attendez pas qu'il recoure à la force. C'est
alors qu'il se rappellerait toutes les souffrances,

toutes les tortures que vous lui avez fait endurer;
la perte de ses pères serait présente à sa mémoire;
ce fantôme sanglant paraîtrait de nouveau devant ses yeux et conduirait sa main vengeresse.
Inhumains! rentrez dans vous-mêmes ; c'est vous
qui êtes les auteurs de tous les maux qui sont
arrivés et qui peuvent arriver encore par votre
infâme obstination : donc, tôt ou tard vous ren-
drez compte à Dieu de tous les crimes que vous
avez commis et du sang que vous avez fait verser.
Mais éloignons de nous ces tristes tableaux.

Oui, citoyens, faisons tous nos efforts pour
éviter les terribles fléaux des révolutions et des
guerres civiles. Examinons avec calme, avec attention, et mettons pour un instant les opinions
de côté. Voyons le fruit que le peuple a retiré des
révolutions et du sang qu'il a versé. Celle de 93 :
la noblesse avait perdu ses titres ; l'Empereur,
à cette époque, fut obligé de rétablir les titres de
noblesse, pour récompenser la valeur de nos
jeunes guerriers pris parmi les producteurs,
pour prouver que la valeur, la noblesse et le
courage se trouvaient partout et sans distinction.
Il oublia donc de rétablir le droit de propriété des
états manuels, sans prérogative du droit de maî-
trise; mais, à cette époque, aucun exploiteur n'eût

le courage de s'approprier notre propriété sacrée. Une seule pétition aurait suffi pour nous la faire rendre. Il aurait dit aux exploiteurs, comme il dit à M. de..., actuellement riz, pain, sel. En exploitant les ouvriers, vous exploitez mes guerriers, car ce sont les familles productives qui me donnent mes guerriers. Ce n'est qu'en 1821 que la race des exploiteurs a commencé à paraître sur l'horizon ; 1830 est arrivé, trois jours ont suffi pour détrôner le monarque qui commençait à revenir aux anciens priviléges. Alors, le peuple était souverain ; il pouvait recouvrer tous ses droits ; mais il est toujours trop bon et trop confiant, et il se laissa endormir par les belles phrases du général Lafayette, et le peuple replaça un nouveau monarque sur le trône, qui prêta serment de faire le bonheur de son peuple, de ce peuple qui lui donnait cette belle couronne qu'il ambitionnait depuis si longtemps. Son règne, qui devait faire le bonheur des ouvriers, a été, au contraire, un règne d'exploitation ; les ouvriers ont été obligés de devenir les esclaves des exploiteurs. En 1848, le peuple a chassé de nouveau le monarque qui avait trahi ses serments. Cette révolution est celle qui a coûté le moins de sang. La conduite du peuple a été grande et noble ; toutes les propriétés ont été respectées, les meubles du Palais-Royal seuls ont été brûlés, et la fureur des combattants s'est assouvie par la dévastation du trône qui avait été souillé de tant de fourberies; il fut brûlé au pied de la colonne que le monarque avait fait élever comme étant le symbole de la Liberté, représentée par la Renommée qui est à son sommet.

De cette belle révolution, dont le peuple devait enfin attendre un bonheur éternel, attendu qu'il pouvait dicter des lois équitables pour tous, il ne lui était resté que le vote universel et sans aucun résultat satisfaisant; c'est encore sa confiance qui en est la cause. Or donc, je vous prierai de me dire lequel des deux candidats, que je vais vous soumettre, serait plus apte à améliorer le sort des producteurs; si ce serait le candidat pris parmi les producteurs, qui vous mettrait sous les yeux des preuves que, depuis plusieurs années, il aurait pris la défense des producteurs, et qu'aucun tribunal de commerce n'aurait atteint sa personne concernant l'exploitation des ouvriers, qu'il souffrirait comme eux toutes sortes de privations, n'ayant d'autre but que de faire le bonheur de ses semblables les producteurs, ses frères, restant fidèle aux écrits qu'il aurait publiés comme ouvrier ou par ses actions personnelles pour la cause des producteurs ; ou si ce serait celui qui jouirait de cinq mille à trente mille francs de rentes, ou l'homme de lettres, ou l'avocat qui, par ses belles phrases enchanteresses, veut s'ouvrir une carrière diplomatique. Votre réponse a été et est encore celle, que le candidat producteur réunissant toutes les qualités annoncées ci-dessus, est celui que nous devons nommer.

Je m'attendais, citoyens, à cette réponse. J'admets que les candidats producteurs que vous auriez élus représentants, quand même ils commettraient quelques fautes de français, soit par le manque d'usage ou par oubli, ne nous en donneraient pas moins de bonnes lois, et tout le monde y trouverait son compte ; l'ouvrier ayant mis tout son temps à se perfectionner dans son état et non dans les lettres, il n'y aurait rien d'étonnant qu'il pût commettre quelques fautes de français ; mais, je le répète, il serait plus apte à nous délivrer de toutes les chaînes qui nous oppriment que tous ces citoyens qui veulent arriver aux honneurs et aux dignités.

Il est donc incontestable, que les ouvriers qui sont exploités et qui souffrent de toutes sortes de privations, seront plus aptes à nous faire des lois qui nous affranchiront toutes les substances premières, de ces impôts révoltants, que ceux qui regorgent de tout. Ils nous feront également de meilleures lois qui nous garantiront la propriété de nos états et la rendront inviolable, cette propriété que nous avons achetée par trois apprentissages, que ceux qui ne sont occupés qu'à étudier les chicanes, ou ceux qui ne se sont occupés qu'à exploiter les ouvriers sur tous les points imaginables, afin de les rendre esclaves. Ainsi, nommons à l'avenir des représentants parmi nos producteurs après que nous les aurons entendus et que nous serons assurés que leurs principes sont pour l'amélioration de tous les producteurs.

II.

Vote Préparatoire.

Un mois avant les élections, les noms de tous les candidats qui se seront présentés à nos suffrages, seront mis sur une liste qui vous sera distribuée soit dans les réunions, soit à domicile. Le jour fixé du vote préparatoire sera annoncé dans les journaux et dans les réunions. Vous déposerez en entrant votre vote dans une urne, dont vous attendrez le dépouillement pour en connaître le résultat ; cette opération devra se faire dans chaque commune et reportée aux élections générales pour que tous les citoyens ne forment qu'un seul homme; et tous les candidats qui auront eu le plus de voix seront mis sur la liste définitive que vous signerez comme un seul homme, parce qu'elle aura été nommée par le vote universel du peuple, et toutes les intrigues, les coteries disparaîtront devant lui; et alors vous ne signerez pas quand même. Mais, tant que vous serez écartés et remplacés par d'autres, sous prétexte d'incapacité, vous ne jouerez que le rôle du chat envers le singe, c'est-à-dire que vous tirerez les marrons du feu comme vous l'avez fait jusqu'ici, et les autres les mangeront, et vous ne serez regardés que comme des hommes inertes, et obligés de plier sous le poids de l'ignorance, à maintenir cette coterie des intrigants, qui pourront mieux ainsi s'arroger vos droits que vous avez gagnés; oui, gagnés en versant votre sang pour la liberté de tous au moment où ceux-ci étaient cachés dans leurs caves. Il est temps de leur prouver que si vous avez les capacités et le talent d'inventer et de produire tous les chefs-d'œuvre qui font le charme du court espace de la vie, nous possédons aussi celui de formuler des lois équitables pour tous, et qui ne forceront personne de se nourrir de nos rebuts, ni d'être

logés ignominieusement dans des mansardes.
Alors, ils seront regardés comme une cinquième roue à une charrette ; se seront les producteurs qui seront reconnus dans toute l'équité pour les premiers hommes du monde, attendu qu'ils produisent tout ce qui est utile, et formuleront des lois d'équité ; car lorsque la nature ne nous a pas doués des sentiments nobles et généreux, l'éducation payante nous rend, au contraire, bien plus despote, et par conséquent on ne peut faire que des lois tyranniques pour opprimer ceux que l'on croit au-dessous de soi-même, parce que l'on connaît le grec, le latin, l'anglais, etc., langues que les plus idiots de leurs pays parlent.

Voilà bien de quoi vous rendre si insolents et si orgueilleux, hommes inhumains ! toutes ces prétendues sciences, tout le monde peut les apprendre en payant, mais tout le monde ne peut pas être inventeur-producteur, l'argent n'y est pour rien, il faut être doué d'un talent supérieur. Je sais bien que nous avons de ces exploiteurs qui connaissent ces langues, qui ont pu mettre un pignon, une roue à une invention, et alors ils se disent inventeurs, et ils volent impunément les artistes, par ce moyen. Cela n'est pas difficile ;

nous avons vu dans nos ateliers des hommes de peine avoir de pareilles idées.

Ces langues, vos prétendues sciences, on vous les a apprises, comme on les apprend aux perroquets ; car, vous ne pouvez le nier, il existe des perroquets qui parlent l'espagnol, le portugais, le chinois, l'anglais, le français, etc. ; ils parleraient toutes les langues qu'on leur enseignerait : voilà les sciences qui vous rendent si orgueilleux et si despotes, et qui vous font commettre tant de crimes sur le malheureux producteur.

Vous êtes encore bien éloignés de pouvoir vous comparer aux inventeurs-producteurs, par conséquent, c'est à vous de vous regarder au-dessous de nous-mêmes, attendu que vous ne pouvez vous passer de nos produits, et que nous, nous pourrions bien nous passer facilement des sciences.

Mais, comme nous avons un cœur plus noble, plus humain et plus généreux que le vôtre, et une éducation naturelle qui nous prescrit un devoir sacré, qui est de faire aux autres ce que nous voudrions que l'on nous fît, nous ne pouvons, par conséquent, ni être insolents ni stupides ; et je dis hautement aujourd'hui ce que j'ai dit en 1847 : Je veux que celui qui a besoin de mes faibles talents, se présente chez moi avec la même hon-

nêteté que je me présente chez lui, parce que je
ne reconnais aucun homme au-dessus de moi,
ni au-dessous, et que si la nature l'a favorisé
d'un plus grand talent que moi , ce talent
doit être accompagné d'un cœur plus noble et plus
généreux : voilà où je reconnaîtrai sa supériorité.
Mais rappelons-nous, citoyens, que tout artiste
de tel état que ce soit, offrant un exemple mo-
dèle de la vie philosophique, est, selon moi, celui à qui appartient le titre d'homme.

Ainsi, quand nos représentants-producteurs
proposeront ces lois, vous entendrez ces colosses
orateurs, clabauder, tempêter, remplir toute
l'Assemblée d'injures et de violences, croyant
trouver des adversaires incapables pour leur ré-
pondre, faites-vous un tableau de leurs fureurs
lorsque nos représentants leur répondront par le
seul mot : Aux voix ! au scrutin. Le nombre des
représentants producteurs étant en majorité, vos
lois seront adoptées. Si vous aviez envoyé des
hommes aptes à juger de leurs propres besoins,
nous aurions ce que nous n'avons pas, et le
vote universel n'aurait pas été restreint. Vous
devez être convaincus maintenant , citoyens
producteurs, que ce n'est pas le grand nombre
d'orateurs qu'il nous faut à l'Assemblée, c'est la

majorité des votants. J'avais prédit cette catas-
trophe dans le mois d'avril 1848, je fis tous mes
efforts en 1849 pour l'éviter ; mais l'intrigue des
ambitieux fut si bien organisée, que le peuple toujours bon et confiant, remit le pouvoir à des délégués qui n'ont pas su remplir leur mandat, et
ils ont donné au peuple le vote au deuxième degré. Ainsi l'a dit Proudhon, après les élections
de 1849, pour prévenir celles du mois de juin et il
ne s'est point trompé, attendu qu'une partie des
électeurs ont voté malgré leurs conventions, et
d'autres se sont sans doute abstenus, vu qu'un
grand nombre de démocrates modérés se sont
réunis à nous, pour nommer ceux que les intrigants réactionnaires auraient voulu écarter ; et
enfin sur onze candidats qu'il fallut renommer,
on admit un seul producteur sur dix hommes de
lettres. Le comité démocratique, composé de quelques délégués, a écarté, par conséquent, tous les
candidats producteurs que les ouvriers avaient
présentés et cette manière de procéder s'est pro-
pagée dans toute la France, au détriment des
producteurs, aussi les onze candidats de l'oppo-
sition ont été nommés à Paris. Cette manière d'o-
pérer, nous a conduit à une minorité extraordinaire à l'Assemblée et nous en supportons les
conséquences. Malgré toutes les pétitions qu'on a

déposées à l'Assemblée, tendant au rejet du projet de loi, et de tous les amendements que nos représentants ont proposés, aucun n'a été pris en considération ; tous les talents de nos orateurs ont été également impuissants, ils sont en majorité et ils font ce qu'ils veulent. Ce qu'il nous faut à l'Assemblée, ce sont, par conséquent, des hommes, en grande majorité, qui comprennent les souffrances des ouvriers, l'indispensable utilité des mains laborieuses ; et où les trouverons-nous, si ce n'est parmi les ouvriers honnêtes, laborieux et intelligents. Nul ne peut mieux ressentir les souffrances et les peines que celui qui en est atteint, aussi je rends justice au citoyen Victor Hugo ; il a traité la partie de la liberté de la presse dans toute l'équité possible, il serait très difficile de la mieux traiter ; il a démontré ostensiblement la perte de notre librairie, au profit de la librairie belge, et la ruine des ouvriers imprimeurs, de nos fonderies, de nos usines, de nos manufactures, de nos papeteries, et il a défendu dans toute l'équité possible, cette partie, attendu qu'il est lui-même écrivain et par conséquent attaché à cette branche d'industrie si importante pour éclairer le peuple. Il faut donc désormais dans l'Assemblée, des hommes spéciaux dans toutes les parties de corps d'état qui sont exploités, pour développer

les abus que les ouvriers sont obligés de supporter par le trophée infâme de l'exploitation,
qui est la base fondamentale des révolutions, qui
font la perte de la classe ouvrière honnête et la-
borieuse, de même que des propriétaires. Ayons
donc des hommes spéciaux pour anéantir l'exploitation, qu'ils démontreront avec la même
clarté et la même équité que Victor Hugo a em-
ployée pour sa partie compétente, attendu qu'ils
seront encore plus compétents que lui et qu'ils
sont privés du nécessaire la plupart du temps;
et alors ceux qui acheteront les marchandises à
bon marché comprendront facilement que le bon
marché est la sueur des ouvriers, qui leur est
vendue à vil prix; ils comprendront aussi que les
ouvriers ne peuvent jamais rien posséder attendu
les faibles rétributions qui leur sont allouées pour
leurs travaux, tout en travaillant douze, qua-
torze et même seize heures par jour, et alors ils
se découragent, se démoralisent et ne peuvent
plus qu'aspirer au moment de la vengeance,
de posséder ou de mourir; par conséquent, mo-
ralité, religion, devoir, tout est étouffé; ce ne
sont plus des hommes, ce sont des hyènes qui
déchirent avec rage leurs proies pour appaiser
leur faim dévorante; et le plus souvent ces ca-
tastrophes sont fatales aux innocents qui paient

pour les coupables. Les personnes humaines comprendront également que lorsque les ouvriers posséderont et qu'ils seront reintégrés dans tous leurs droits, il n'y aura plus de révolutions, attendu que le nombre des mécontents n'existera plus que parmi les fainéants et les bambocheurs et les exploiteurs, dont on saura se rendre maître, en les empêchant de nuire à personne, par de bonnes lois ; et nous ferons dans une semaine ce que nous sommes obligés d'attendre. Tandis qu'aujourd'hui nous sommes sur un volcan, et nous attendons que le Vésuve fasse son éruption, soit pour nous engloutir ou nous délivrer de ces tourbillons qui de temps en temps sortent du gouffre, et nous tiennent dans des positions inertes.

Sortons donc, citoyens, de cette position, de ce labyrinthe où nous sommes enfermés depuis si longtemps, et mettons un terme à ces infâmes trafics de ces hommes qui n'ont aucune humanité pour les producteurs. Oui, citoyens, nous ne sortirons de cette position déplorable, que lorsque nous serons représentés par des producteurs honnêtes, qui feront des lois, qui nous garantiront la propriété de nos états manuels, comme nous voulons qu'on respecte toutes les propriété d'autrui.

Depuis 1821, vous avez nommé des députés pris dans le barreau, dans le haut commerce, parmi la noblesse. Veuillez me dire où sont les améliorations que tous ces députés vous ont apportées, après 1830? Vous n'avez rien obtenu. Vous avez encore été trompés en 1848 : tous ceux qui sont arrivés au pouvoir se sont dits plus populaires et plus républicains que vous (1); où sont les avantages que tous ces hommes, que vous avez préférés aux ouvriers, vous ont donnés depuis 1848?

On vous a fait crier et on laisse crier encore : Plus de maîtres, augmentation de salaire, diminution d'heures de travail! Après une révolution, citoyens, où tout commence à être interdit, c'était vouloir la destruction de la République et la perte de la liberté des producteurs. Si, au contraire, l'on s'était occupé de l'amélioration des classes ouvrières, en rendant un décret pour faire écouler en quatre mois toutes les marchandises des exploiteurs de tous les états manuels, et qu'après ce délai ont eût fait transporter dans les colonies, au profit des propriétaires, bien entendu, toutes les marchandises restant en maga-

---

(1) Ainsi disait M. Rouher, ministre de la justice. Note prise dans le journal l'*Evénement.*

sin, on aurait ordonné, à ceux qui possèdent, par un décret, de faire travailler. Je rappelle, à cet égard, l'affiche d'un ci-devant noble, M. de......., qui faisait appel à ses confrères : On nous a enlevé nos titres ; le peuple a été noble et grand dans sa victoire, montrons-nous dignes de lui ; dépensons donc tous nos revenus. Alors les travaux se seraient ouverts de toutes parts, on aurait fait une loi pour fixer les journées de travail, dont le prix de chacune aurait été de 5 fr. dans les villes de trente mille âmes et au-dessus; et dans les villes et les villages au-dessous de trente mille, de 3 à 4 fr., pour les aspirants, de quelque état qu'ils fussent, c'est-à-dire ceux qui n'auraient pas encore été dans le cas de faire une pièce, afin que les maîtres et les ouvriers ne fussent pas frustrés ; bien entendu que les ouvriers de première classe auraient été reconnus par des prud'hommes ouvriers-compagnons et maîtres. Pour les aspirants de deuxième classe, leurs journées auraient été de 2 fr. 50 c. et 3 fr. Cette loi aurait donné de l'émulation aux ouvriers aspirants qui eussent eu l'amour-propre d'être ouvriers-compagnons à leur tour. Les hommes de peine n'auraient eu que 3 fr. par jour, attendu qu'ils n'ont perdu aucun temps pour apprendre un état, qu'ils gagnent le prix de leurs

journées à partir du jour où ils se destinent à
cette profession et qu'ils ont peu de dépense à
faire pour leur mise; mais ils n'en seraient pas
moins respectés. En fixant ainsi un prix raison-
nable pour les journées, tout le monde pourrait
vivre, sans cependant pouvoir faire aucun extrà.
Ceux qui seraient à leurs pièces gagneraient depuis 5 fr. jusqu'à 8 fr., et quelquefois 10 fr., etc.
suivant leur capacité et leur vitesse. Cette somme
de 8 à 10 fr. paraîtra aux yeux de ceux qui sont
riches, une journée extraordinaire ; cependant
elle ne donnerait qu'un revenu de 2,750 fr., en
admettant que l'ouvrier ne fût jamais malade et
qu'il ne voulût jamais se reposer.

Si l'on veut admettre dans une année un mois
de maladie ou de repos, par conséquent il faut
déduire 30 jours à 10 fr., ce qui fait 300 fr. à
retirer de 2,750, le revenu ne serait donc plus
que de 2,450 fr. par année. Cette somme serait
suffisante pour nourrir et élever convenablement
une famille, tandis qu'aujourd'hui l'on ne peut
compter, en moyenne, que sur une journée de
1 fr. 50 c. Quelques-uns peuvent gagner 3 fr.,
mais il faut déduire les chômages et les maladies
qui réduisent les journées à un minimum de
2 fr. à 2 fr. 50 c. au plus.

Ainsi, comment veut-on que les ouvriers puissent nourrir et élever une famille avec de pareils revenus? Comment veut-on, dis-je, qu'ils ne soient point irrités contre leurs oppresseurs? Il ne peut en être autrement. L'ouvrier s'aperçoit de l'impossibilité qu'il y a pour lui de s'assurer quelque chose pour ses vieux jours, il ne voit que misère et mépris. L'hospice est sa seule ressource (1), malgré toutes les peines qu'il s'est données en travaillant jour et nuit pendant les quelques semaines de la forte saison; tandis que les chefs exploiteurs gagnent mille francs par jour, plus ou moins, suivant la quantité d'états qu'ils ont réunis dans le même local.

Il est vrai que l'on nous a dit, citoyens, qu'un ouvrier pouvait vivre en gagnant 1 fr. par jour, et encore économiser 25 centimes. Je n'ai rien à ajouter à de pareilles paroles. Si, au contraire, les ouvriers gagnaient de bonnes journées, ils dépenseraient davantage, soit pour leur entretien, soit pour leur nourriture; ils paieraient régulièrement leur loyer, et les propriétaires ne supporteraient pas les pertes qu'ils sont obligés de supporter quelquefois, tout en dépouillant les

____

(1) Quand il parvient à pouvoir y entrer, à 70 ans.

malheureux ouvriers de quelques meubles qu'ils ont gagnés à la sueur de leur front et par toutes sortes de privations.

C'est ainsi que des pères de famille se voient dépouillés de ces meubles qui faisaient toute leur fortune et qu'ils avaient acquis avec tant de peines. Et pourtant, ce malheur vient de ce qu'ils n'ont pu gagner leur loyer à cause du manque de travail, joint aux faibles rétributions des journées qui leur sont allouées par leurs oppresseurs. Je soutiens et je soutiendrai toujours que ce sont les exploiteurs de nos états qui sont la cause de tous ces malheurs déplorables, et que si les riches voulaient se faire un tableau de la position des ouvriers, ils réclameraient eux-mêmes, à tout prix, cette réforme si légitime et si naturelle que les ouvriers réclament depuis si longtemps ; réclamation qui fait la honte de ceux qui ont siégé jusqu'à ce jour, et qui fera celle de ceux qui se sont fait nommer pour défendre les droits des producteurs, si toutefois ils ne remplissent pas ce devoir sacré, c'est-à-dire de mettre un terme aux souffrances de la classe ouvrière, de ces hommes enfin qui ont fait leur fortune.

Nous sommes obligés de leur faire des péti-

tions pour leur rappeler leurs promesses. Ces
pétitions, citoyens, sont encore à leur honte,
car les bons représentants du peuple ne doivent
pas avoir besoin qu'on leur fasse des pétitions,
pour savoir ce qu'ils ont à faire pour améliorer
le sort de leurs semblables, de ceux dont ils ont
imploré le suffrage. Ils doivent, par conséquent,
anéantir toutes les lois qui peuvent opprimer les
ouvriers, et ils ne doivent pas attendre que ceux
qui les ont nommés leur fassent des pétitions ; ils
doivent abolir à tout jamais et dans un bref délai
la race maudite des exploiteurs qui font la désu-
nion de notre belle patrie. Sous l'apparence
que les produits sont à bon marché, ils cachent
que ce bon marché est prélevé sur la main-
d'œuvre des malheureux ouvriers. J'en ai fait
moi-même l'expérience ; j'ai été avec un de mes
clients dans une de ces maisons profanes, nous
avons eu une redingote en drap noir, doublée de
satin et bien confectionnée, pour le prix de
76 francs ; cette pièce, je la lui aurais fait payer
100 francs, à six mois de terme ; j'aurais payé à
l'ouvrier 25 francs de façon, tandis qu'elle ne lui
a été payée que 10 francs ; ainsi donc, mon client
a gagné 15 francs sur sa redingote.

Mais le cordonnier, qui est logé chez lui, ainsi

que la giletière et la culottière, lui doivent, le
premier, trois termes, et les deux autres, un
terme chacun, et ce sont précisément des malheureux ouvriers qui travaillent en morte saison
pour les confectionneurs et qui sont obligés de
faire l'ouvrage à deux tiers meilleur marché. Cet
homme, qui est juste, a parfaitement compris
son erreur, et, au lieu de faire expulser de sa
maison ces malheureux ouvriers, il a fait grâce
de deux termes à celui qui lui en devait trois, et
d'un demi-terme aux deux autres. Je regrette
qu'il m'ait défendu de citer son nom. Il a donc,
comme nous voyons, économisé 15 francs sur sa
redingote qui lui durera un an, mais il a perdu
deux termes d'une part, et de l'autre un terme
sur les deux locataires : par conséquent, cette
redingote lui est revenue à 75 fr., mais il
a perdu ou sacrifié volontairement une partie des termes échus dont l'un était de 250 fr. et
les deux autres de 300 fr., ce qui lui fait une
perte de 100 fr.; tandis que s'il avait payé sa redingote 90 fr. comptant, ou 100 fr. à six mois,
ou 110 fr. à un an, il aurait eu en économie de
quoi acheter deux pantalons à 35 fr. chacun. Or
donc, les exploiteurs des états manuels font, non
seulement mourir à petit feu les pauvres ouvriers, mais ils portent encore préjudice aux pro-

priétaires honnêtes, car il n'y a pas de règles sans exception : il y a des propriétaires inhumains, qui poursuivent à outrance leurs malheureux ouvriers, et les mettent sur la paille : c'est de là que viennent les révolutions et les haines vengeresses, Voilà, citoyens, ce que je voudrais qu'on évitât.

Nous n'empêcherons toutes ces scènes déplorables que par l'amélioration, et l'amélioration ne peut venir qu'en obéissant aux lois équitables du Christ; car, enfin, êtes-vous bien sûrs, vous, spoliateurs et accapareurs des pauvre ouvriers, êtes-vous bien sûrs, dis-je, que vous serez encore vivants demain ? Non.

Eh bien ! puisque nul mortel ne peut dire oui, car il faudrait être fou pour braver la loi suprême, ne soyez donc plus inhumains, hommes riches, et suivez l'exemple de mon client. Vous, qui êtes au pouvoir, faites des lois équitables pour ces immortels producteurs, je dis immortels, à cause des chefs-d'œuvre qui sont sous nos yeux et construits depuis des siècles par des ouvriers qui, pour la plupart cependant, ont été enfermés dans ces mêmes châteaux, et rappelez-vous que ce temps-là est passé, qu'il ne peut plus revenir. Et vous, qui êtes glorieux d'habiter les châ-

teaux, les palais, et qui tenez tant à cette parti-
cule DE, il aurait fallu la mériter par vos actions,
et que ce fut les ouvriers qui eussent dit : Vous
êtes grands et nobles de cœur. Au lieu de les dé-
daigner, vous auriez dû employer votre vie à les
faire prospérer. Par ce moyen, vos jouissances auraient été pour eux une félicité parfaite, car ils sont
glorieux de dire : C'est nous qui avons construit ces
châteaux ; comme les salons sont richement ornés !
examinons avec attention cette garniture de che-
minée ; comme cette pendule et ces candélabres
à rocailles sont bien ciselés ! comme les artistes
ont du talent ! voyez-vous ce guéridon, cette con-
sole, ces tableaux! etc., etc., etc. Les artistes, les
producteurs s'admirent dans leurs travaux ; ils
sont glorieux de pouvoir produire, c'est pour eux
un bonheur suprême. Mais, en produisant, ils
doivent gagner assez pour pouvoir élever leur
famille, et se réserver quelques ressources pour
leurs vieux ans ; ils doivent enfin être appréciés
comme les êtres les plus utiles de ce monde.

Aujourd'hui, où sont les récompenses de toutes
les peines qu'ils se sont données pour pouvoir
arriver à produire tous ces chefs-d'œuvre ?

Leur récompense, c'est la misère ; leurs logements, ce sont des mansardes qui contiennent

tout à la fois l'entrée, l'antichambre, la salle à manger, la chambre à coucher, la cuisine, et où le miasme méphitique des lieux d'aisances leur coupe la respiration et leur donne un air cuivré; une lucarne à tabatière fait toute leur respiration aérienne; tandis que vous, Messieurs, vous avez entrée, antichambre, chambre à coucher, salon, salle à manger, salon de réception, etc., le tout parqueté et bien aéré. Je ne comprendrai jamais comment des hommes qui possèdent toutes ces choses indispensables du moins en partie, soit pour la propreté, soit pour la santé, ne puissent pas penser que les ouvriers, qui sont les auteurs de tous ces travaux, ne soient point jaloux de posséder tous ces avantages, et qu'ils ne demandent pas, au moins, d'être logés convenablement, c'est-à-dire comme des hommes, et non pas comme des animaux, pêle-mêle.

C'est donc aux possesseurs et aux hommes que le peuple et les producteurs ont placés pour défendre leurs causes, à faire disparaître toutes les lois qui oppriment les producteurs; ils éviteront par ce moyen toute tentative de révolution, et n'exciteront plus de jalousie légitime. Ils ne doivent pas suivre l'exemple dangereux de Marigny ; ils ne doivent pas attendre que les producteurs honnêtes se laissent emporter par le désespoir ; que la fureur s'empare de leurs sens et que la scène du maréchal d'Ancre se reproduise de nouveau.

Il n'appartient qu'à des animaux de différentes races de se détruire, car on n'a jamais vu un loup tuer un autre loup ; au contraire, lorsqu'il a pris une proie quelconque, il appelle d'autres loups pour leur faire part de son festin. Les loups sont donc moins barbares et moins féroces que ceux qui nous oppriment, que ceux même qui disent que les paysans font leurs fils artistes, avocats, médecins, etc. Ils oublient que leurs pères, nous les avons vus, conduire la charrue, et que ceux enfin qui disent que si leurs pères leurs avaient laissé une fortune, ils emploieraient tous les moyens possibles pour la quadrupler, ils feraient, sans scrupule, travailler les ouvriers à quelque prix que ce fût. Ces honnêtes gens, ils appellent cela être industriels, moi, je les regarde comme les destructeurs du genre humain. Mais, après tout, qu'est-ce que ce monde ? Rien. Pourquoi tenir tant à amasser une si grande fortune au détriment des ouvriers, puisque du jour au lendemain vous pouvez être néant;

elle ne vous sert qu'à assouvir vos passions et vos désirs de tout genre, et lorsque vous vous êtes enivrés avec le vin le plus exquis , le nectar le plus flatteur (car ce n'est pas avec des vins à **6** sous le litre que vous faites vos festins), alors la fatigue de tous ces superflus vous plonge dans un sommeil léthargique, et vos domestiques sont obligés de vous entraîner dans vos voitures pour vous cacher aux yeux du public, et vous êtes à leur disposition. De tous ces festins, de tous ces bals, de toutes ces jouissances passagères, il ne vous reste qu'un faible souvenir.

Mais les souffrances des malheureux ouvriers sont perpétuelles, la mort seule les dégage de ce séjour de douleur, pour jouir d'une félicité éternelle en récompense de leurs travaux et de toutes les souffrances que vous leur avez fait endurer dans ce monde. C'est là notre foi, et nous y croyons fermement, car Dieu serait l'être le plus tyran, le plus cruel que l'on puisse imaginer; mais alors nous ne le qualifierions pas du nom de bon Dieu s'il en était autrement. Votre récompense, à vous, sera différente.

Est-ce Dieu qui vous a donné le droit de priorité humaine, vos titres de noblesse ? Veuillez me

dire de quel autre limon vous avez été formés ?
de quelle autre manière vous êtes venus au
monde, et ce que vous êtes après votre mort?
Vous êtes venus au monde comme nous, et
après votre mort vous n'êtes que poussière comme tout le monde. L'Histoire est là pour vous
flétrir, à cause des mauvais traitements que vous
avez fait endurer aux malheureux insensés qui
ont cru à votre supériorité. Il en est encore aujourd'hui qui croient à cette supériorité, mais le
nombre en est fort petit et il diminue tous les
jours ; ce sont des personnes faibles d'esprit, et,
quand elles sont en présence d'un ci-devant ba-
ron ou marquis, elles sont tout étonnées de voir
que ce marquis n'est autre chose qu'un homme
ayant, comme elles, des yeux, une bouche, un
nez, etc. Quelqnefois sa physionomie est extrê-
mement inférieure à la leur, et même hideuse.
Quant au cœur, j'ai déjà dit tout ce qu'on peut
dire à cet égard, je n'ai rien à ajouter. Je dis aussi
qu'il n'y a pas de règle sans exception, mais le
nombre des bons est fort petit.

Après tout, analysons le sort de ces pauvres
créatures : en venant au monde, elles apportent
donc avec elles la servitude et la malédiction ?
Cependant elles n'ont commis aucun crime.

A cela vous répondez qu'il faut des ouvriers pour bâtir vos châteaux, vos palais, vos superbes maisons, et pour fabriquer toutes sortes de marchandises ; qu'il faut des êtres pour vous servir de domestiques; des hommes de peine pour faire vos commerces; des commis et des ouvriers pour fabriquer toutes les marchandises et pour cultiver vos terres ; vous comprenez donc que si vous étiez seuls vous ne feriez pas grand'chose, et que vous n'avez pu amasser votre fortune qu'avec l'aide des ouvriers ; mais, ce que vous ne voulez pas comprendre, c'est que ces gens, ces ouvriers, ces hommes enfin, indispensables à l'existence du genre humain, ont besoin, pour travailler, d'une nourriture plus confortable que la vôtre, vous qui ne faites que commander, au contraire, vous dites qu'ils ne doivent manger que du pain et du fromage.

Cependant, vous nourrissez les chevaux qui servent pour vos promenades avec du foin de première qualité, et leur faites donner, avant leur départ, de l'avoine et du pain trempé dans du bon vin; vous comprenez donc que les bêtes qui fatiguent ont besoin d'une bonne nourriture pour faire leur métier, et vous voulez qu'ils soient bien harnachés et leurs écuries bien entretenues.

Or donc, voyez, vous êtes plus humains pour les bêtes que pour les producteurs qui ont contribué considérablement à faire vos fortunes. Cela se comprend dans le siècle où nous sommes, car l'or est tout, et l'honnête homme rien. Vos chevaux vous coûtent de l'argent ; s'ils tombaient malades, s'ils venaient à mourir, ces accidents vous occasionneraient de la dépense. Mais peu vous importe si les ouvriers tombent malades ou meurent, ils ne vous coûtent rien, vous les remplacez par d'autres ouvriers dont vous n'avez pas encore épuisé les forces. Vos chats, vos chiens de luxe sont nourris avec des mets de première qualité, qui sont passés sur vos tables, superflu qui aurait pu nourrir plusieurs familles. Vous dites encore, heureux du monde, que vous avez aussi vos peines, vos chagrins, etc., vous voulez dire vos chagrins domestiques, c'est-à-dire que vous êtes tourmentés par l'envie de posséder un équipage plus beau que celui de votre voisin, un château, une campagne ; que Madame veut avoir un châle des Indes, du prix de 6,000 fr., comme Madame DE... et même plus beau ; que Monsieur, cherchant à faire une conquête, s'adresse à la vertu qui résiste. Ces folles dépenses occasionnent des pertes dans le commerce et n'enrichissent que quelques exploiteurs qui s'emparent de tous les états et de toutes les industries : voilà les peines que les riches peuvent avoir.

Mais les ouvriers ont aussi leurs chagrins domestiques, et, le plus souvent, ils sont occasionnés par les riches, car la misère quelquefois est la cause qu'une mère sacrifie son honneur pour secourir sa famille. Pour vous, riches, ces chagrins ne doivent pas être d'une grande importance, car vous avez l'avantage, par votre argent, de faire divorce, c'est-à-dire vous séparer de corps et de biens et vous mettre en communauté avec les personnes qui vous plaisent, et tout est fini. Mais les ouvriers sont attachés à la glèbe, et s'ils sont obligés de prendre une seconde compagne pour les soigner, quand celle que la loi des hommes leur a donnée n'a pas rempli ses devoirs sacrés de fidélité, vous les méprisez. Il est vrai qu'il n'y a que les faibles d'esprit qui font attention à ces calomnies. On doit plutôt mépriser ceux qui font des faillites, et qui ruinent, par un trafic infâme, les malheureux ouvriers. Car, après tout, si c'est un crime, un déshonneur de répudier sa femme, pourquoi les papes, à différentes époques, ont-ils toléré cela ?

Tandis que si les ouvriers étaient traités d'une

manière convenable, ils ne se décourageraient pas et ne chercheraient pas non plus à faire des révolutions. Il est vrai que nous n'aurions pas beaucoup de millionnaires; mais aussi les hôpitaux n'existeraient plus ; la poudre à canon et les armes françaises ne serviraient plus à faire couler le sang français des producteurs, elles ne fonctionneraient que contre les ennemis de notre patrie et les jaloux de notre prospérité, de notre bonheur, de notre union et de l'harmonie qui régnerait dans notre belle France, notre chère patrie, qui émanciperait, par des lois équitables, tous les peuples des puissances européennes.

Voilà, citoyens, voilà mes sentiments fraternels desquels je ne me départirai jamais, et je pense qu'ils seront partagés par 24 à 26 millions de citoyens français.

Il faut enfin, dis-je, que les ouvriers comprennent la grande mission dont Dieu les a chargés, et ils ne la comprendront, cette importante mission, que lorsque leur moral sera relevé ; alors, ils maudiront tous ces hommes qui, depuis des siècles, les ont retenus dans l'avilissement et dans l'ignorance, et ceux qui veulent encore, sous la République, et dans le siècle où nous sommes, les retenir, en les écartant de l'Assemblée législative. Il faut que les ouvriers disent: c'est nous que Dieu a choisis pour l'existence du genre humain, il est évident que s'il nous a donné la connaissance, par exemple, de tailler les oliviers, de les greffer a telle époque, de tailler les vignes de même, et de connaître les tiges qu'il leur faut laisser, et l'œil où il les faut couper, afin que les vignes puissent pousser avec une nouvelle force pour produire beaucoup, ainsi de suite sur tous les autres produits nourriciers; d'un autre côté, puisque nous avons les connaissances d'inventer et de produire tout ce qui fait le charme de la vie, nous avons aussi des hommes, parmi tous ces producteurs, qui sont aptes a être de bons législateurs, etc., etc.

D'où sont sortis nos plus grands écrivains? n'est-ce pas de la classe des producteurs ; les cultivateurs ne nous ont-ils pas fourni des ministres de l'instruction publique, des premiers chimistes de France? les tailleurs, les serruriers, les boulangers? ne nous ont-ils pas fourni des généraux, des maréchaux, et des ministres de la guerre, etc.!

Il est évident, alors, que nous sommes à même de nous gouverner; eh bien! pourquoi voulez-vous, vous autres, prétendues hautes personnes et hommes de lettres, vous approprier un privilége qui ne vous appartient pas, et nous retenir, par ce moyen, dans l'avilissement et dans l'ignorance, en nous écartant de l'Assemblée législative? c'est que vous craignez nos capacités, et alors vous seriez forcés de reconnaître notre supériorité, attendu que les lois équitables que nous ferions, rendraient tout le peuple heureux. Alors, dis-je, vos absurdes prétentions seraient connues, et vous ne seriez plus regardés comme des oracles pour vos belles phrases enchanteresses et trompeuses, car elles ne nous ont jamais donné que des chaînes et des guerres civiles; vous comprendrez donc que les producteurs peuvent se passer des hommes ambitieux de votre espèce, tandis que vous autres, vous ne pouvez pas vous passer de nos produits, attendu que nous ne sommes plus du temps du prophète Moïse pour se nourir avec de la manne.

Or, donc, je ne vois pas pourquoi on méprise toutes ces personnes dont on a le plus grand besoin; si la classe ouvrière voulait s'entendre, dans dix jours, tout le peuple serait à l'unisson, sans que la propriété du riche lui fût enlevée.

J'admets, pour cette raison, que nul ne voulût

travailler pour eux, et que personne ne voulût leur servir de domestique : par conséquent lorsque les boulangers leur refuseraient du pain, l'épicier ses fournitures, le tailleur ses habits, les couturières des robes, les marchands leurs étoffes pour les faire , les cordonniers des chaussures , les bouchers leur viande , les porteurs d'eau leur eau, etc., les forgerons, les charrons leur refuseraient les ustensiles de labeur, ainsi que tout ce qui est utile pour les premiers besoins ; les cultivateurs ne cultiveraient plus leurs propriétés, ils ne travailleraient que pour les ouvriers, et réciproquement, entre les terres qui appartiennent à la classe du peuple et les terres incultes et communales, dont ces dernières seraient défrichées par les ouvriers de toutes classes qui deviendraient de dignes cultivateurs ; nous aurions de quoi pourvoir à nos besoins : C'est alors, dis-je, que les grandes dames aux essences de roses, aux parfums d'Arabie, aux robes de velours et de satin, aux belles mains blanches comme de la neige et fines comme du velours, auraient les mains aussi grossières que celles des autres femmes, si elles étaient obligées de se soumettre aux travaux du ménage, et respirer les miasmes phosphoriques. Quant aux bottes vernies, aux habits brodés, aux chapeaux à claque, tout cela disparaîtrait; les hommes n'ayant plus le temps d'étudier pour passer bachelier ; seraient obligés de pourvoir à leurs premiers besoins ; les belles mains deviendraient calleuses comme celles des ouvriers. C'est alors que tous ces personnages comprendraient le respect que l'on doit au courage malheureux.

Et dire qu'aujourd'hui ils ne comprennent pas ces êtres tyrans et barbares que toutes ces révolutions sont leur ouvrage et qu'elles n'arrivent que par la volonté de Dieu ; ainsi dit l'Evangile : qu'il ne tombe pas une seule feuille des arbres sans sa permission, et que toutes ces révolutions sont pour les punir et pour ouvrir les yeux au peuple, afin que le progrès les réintègre dans ses droits naturels et primitifs que ce grand maître a donnés à tous. C'est Dieu qui lui dit: quel est ton crime? qui te fait courber la tête devant tes semblables, qui t'abrutit, te démoralise et t'avilit ? Ton crime est celui d'être producteur; oublies-tu donc que c'est moi qui suis le chef-ouvrier de la grande société universelle de tous les travailleurs qui existent sur la terre ; oublies-tu que j'ai travaillé six jours pour créer tout ce que tes yeux peuvent voir, et ce qu'ils verront plus tard.

Or donc, au lieu de rougir et de te démoraliser, glorifie-toi de ce que je t'ai choisi pour achever l'ouvrage que j'ai commencé, et que c'est par ton travail et par tes soins réitérés que tu as amélioré les plantes et les arbres que j'ai créés, car tu les as rendu plus féconds et leurs fruits beaucoup plus suaves. Par conséquent, fais-toi un tableau de l'état primitif de toutes les plantes, et des arbres lors de la création; ils étaient tous dans un état presque inerte, c'est ce que vous appelez sauvage; leurs produits n'étaient presque rien, et ils n'avaient aucune saveur; mais lorsque tes mains nourricières n'ont pas craint de s'ensanglanter pour arracher les mauvaises herbes et les ronces dont la terre était jonchée, alors, dis-je, ces arbres, ces plantes, de l'état presque inerte où ils étaient, sont passés dans un état de prospérité pour l'existence du genre humain.

Or donc, citoyens, il est évident que c'est Dieu qui a tout créé, il est encore évident que c'est nous, producteurs, qui achevons son ouvrage pour pourvoir aux besoins de tous; par conséquent, citoyens, c'est de l'absurdité au dernier degré, d'être méprisé par des personnes qui, sans nos secours, mourraient toutes de faim, et d'entendre dire à ces prétendues hautes person-

nes, qu'il faut qu'il y ait des pauvres et des riches. Oui des pauvres pour entretenir les riches
dans leur opulence, car c'est des labeurs et de la
sueur des pauvres qu'ils retirent leurs grands revenus. Ils disent encore que si tout le monde était
riche, personne ne voudrait plus travailler.
Quel absurde langage ! quelle imbécilité d'esprit
il faut avoir, pour admettre de pareilles pensées!
Oh ! pauvres insensés que vous êtes, vous dites
que si tout le monde était riche, personne ne
voudrait plus travailler; mais par qui sont-ils
produits, les revenus? d'où viennent-ils? N'est-
ce pas par le travail? Nul ne peut le contester.
Eh bien, au lieu d'avoir comme M. Rothschild
des cent millions, et tant d'autres des millions, et
des propriétaires qui possèdent des cent et des
mille journées de labeur, vous en auriez moins ;
mais ceux auxquels la fortune n'aurait pas
prodigué ses faveurs, ne seraient pas obligés
de mendier leur pain à la fin de leurs vieux
jours, après avoir passé leur jeunesse à de pénibles travaux. Je dis donc qu'il ne doit plus y
avoir de pauvres ni de mendiants, mais des personnes à leur aise. Quant aux fainéants, aux
joueurs, nous saurons en tenir compte ; nous ne
les estimons pas plus que ceux qui prétendent
qu'il doit y avoir des pauvres et des riches.

Il en est de même de ces grandes dames qui prétendent n'être pas faites pour faire leur ménage, et qui regardent nos honnêtes femmes comme leurs subordonnées et même comme des vassales et qu'elles traitent de souillons les filles qui ont la faiblesse de les servir, et quand quelques-unes de ces pauvres filles de service ont le malheur, par leur beauté ravissante, d'enivrer d'amour les cœurs des époux de ces grandes dames, dont ces filles, le plus souvent séduites par leurs maîtres sont tombées dans des piéges presque inévitables, sans pouvoir échapper au danger ; oui, inévitable par le trouble dont elles sont saisies ; inévitable par la force brutale du séducteur, inévitable encore par l'isolement où la séduction a été commise, et loin de tout secours, n'écoutant aucune plainte, aucune supplication, les cris deviennent impuissants ; alors ces malheureuses filles qui n'ont cédé que par la force et par la ruse, sont qualifiées du mot de torchons, par ces grandes dames, et les séducteurs, au lieu d'améliorer le sort de ces malheureuses filles qu'ils viennent de déshonorer, après qu'ils ont passé leur caprices, ils les abandonnent ainsi que leurs propres enfants. Voilà le résultat, citoyens, de la pauvreté, qui force généralement les filles à se mettre au service, et la plupart des ouvriers sont obligés de réparer les fautes de ces séducteurs, c'est-à-dire qu'ils ignorent les fautes de celles qu'ils viennent d'épouser.

Quant aux filles des riches, elles ont les moyens d'y suppléer et de cacher leurs premières fautes ; d'un autre côté, quand ces grandes dames donnent des enfants à leur mari qui ne leur appartiennent pas, ou qu'elles mettent des enfants au monde pendant leur absence, (nous pourrions en citer des milliers d'exemples) ; elles ne sont pas des torchons, mais elles sont encore pire, attendu qu'elle ont déshonnoré leurs maris par le libertinage et par leur propre volonté.

Par conséquent, citoyens, faisons un mépris de toutes ces prétentions et de toutes ces paroles absurdes ; car, c'est vraiment pitoyable à entendre prononcer ; remplissons, citoyens, le devoir que notre grand maître nous a prescrit, et faisons, je le répète, un mépris à jamais de tous les hommes qui se croient au-dessus de nous, oui au-dessus, attendu que dans leurs conversations, ils disent toujours : que deviendraient les hautes personnes, si les ouvriers étaient en majorité à l'Assemblée législative ;

www.ingramcontent.com/pod-product-compliance
Ingram Content Group UK Ltd.
Pitfield, Milton Keynes, MK11 3LW, UK
UKHW022332120726
13694UKWH00004B/1579